vmn

Astrid Luise Mannes

Apfelwein-Schlemmereien

Das Apfelwein-Kochbuch

vmn
Verlag M. Naumann

Druck: Fuldaer Verlagsagentur, Fulda

1. Auflage 2004

Bibliografische Information Der Deutschen Bibliothek
Die Deutsche Bibliothek verzeichnet diese Publikation in der Deutschen Nationalbibliografie; detaillierte bibliografische Daten sind im Internet über http://dnb.ddb.de abrufbar.

ISBN 3-936622-34-5

Folgende Gerichte fotografierte NATALIE RUDLOFF:
Kürbis-Apfel-Suppe, Fleischbällchen, Fleischtopf, Gemüseragout, Putenrollbraten, Apfel-Panna-cotta und Sigrids rote Apfelcreme.
Alle anderen Arrangements fotografierte die Autorin, ASTRID LUISE MANNES.

Soweit nicht anders vermerkt, sind alle Rezepte für vier Personen berechnet.

vmn unterstützt die Rudolf-Walther-Stiftung für Kinder in Not.
Informationen unter Telefon 06051 48180
oder im Internet: www.rudolf-walther-stiftung.com

Für

Natalie und Dirk

Geschichte und Bedeutung des Apfels

Dem Apfel kommt eine ganz besondere Bedeutung zu. Er ist weit mehr als nur irgendeine Frucht unter vielen. Schon Eva konnte ihm nicht widerstehen. So wurde die Menschheit wegen der Faszination, die vom Apfel ausgeht, sogar aus dem Paradies vertrieben. Doch der Mensch hatte Glück. Der Apfel blieb an seiner Seite; er wuchs auch außerhalb des biblischen Gartens Eden.

In den nordischen Mythen galt der Apfel als Symbol der Liebe, Fruchtbarkeit und ewigen Jugend. Auch in der Politik machte der Apfel Karriere: als Reichsapfel. Zusammen mit dem Kreuz wurde er zum Zeichen der christlich geprägten weltlichen Herrschaft.

Zu Zeiten Catos waren im Alten Rom bereits sieben Apfelsorten und die Kunst des Veredelns bekannt. Diese hatten die Römer von den Griechen gelernt. Römische Legionäre brachten neben den Weinreben auch Edelreiser wohlschmeckender Apfelsorten nach Germanien. Karl der Große erließ eine Verordnung zum Anbau von Apfelbäumen. So waren in Europa bald an die 1000 Apfelsorten verbreitet. Heute haben in Deutschland rund 180 Apfelsorten zumindest regional Bedeutung. Die Sortenvielfalt schlägt sich jedoch nicht im Handel nieder, wo nur etwa 15 Sorten angeboten werden.

In Deutschland wird kein anderes Obst so oft angebaut wie der Apfel. Mit ungefähr 64 Millionen Bäumen auf einer Fläche von rund 31 000 Hektar sind 86 Prozent aller deutschen Obstgehölze Apfelbäume.

Äpfel haben bei uns das ganze Jahr über Saison. Sie beschenken uns mit einem hohen Gehalt an Vitaminen, Fruchtsäuren, Mineralstoffen und dem Apfelwirkstoff Pektin sowie den leicht verdaulichen Kohlenhydraten. Damit ist der Apfel zu einem wichtigen und wertvollen Bestandteil unserer Ernährung geworden.

So finden sich in diesem Buch auch viele Bilder von Apfelbäumen, die einem das ganze Jahr über begeleiten. Bäume haben die Menschen schon immer fasziniert. Die in den verschiedenen Jahreszeiten aufgenommenen Fotos geben manchmal nur die Stimmung wieder, in die die Gerichte passen könnten.

Der Apfelwein

Was so frisch und gesund ist wie der Apfel, das sollte man nicht nur essen, sondern auch trinken. Da der Apfelwein von Natur aus wenig Säure und Alkohol hat, ist er gut bekömmlich und erfrischend.

Früher war der Apfelwein ein Volksgetränk, das die meisten Leute selbst herstellten. Viele hatten ein Faß im Keller stehen, in dem sie den Apfelwein produzierten. Problematisch war nur die geringe Haltbarkeitsdauer des Apfelweins.

Für die Herstellung von Apfelwein werden die Äpfel zunächst gesäubert und danach zur Apfelmaische gemahlen. Aus dieser Apfelmaische wird nun der Saft ausgepreßt. Im Apfelweinkeller wird der ausgepreßte Saft in Edelstahlfässern gelagert und vergehrt bei Temperaturen von zirka 14 bis 16 Grad. Dabei werden die Kohlensäure und der Alkohol ausgeschieden. Die Gärung dauert zwischen 12 und 18 Tagen. Anschließend wird der Wein in ein neues Faß umgefüllt. In dem Moment, in dem der Apfelwein von der Hefe heruntergenommen wird, ist er fertig und kann getrunken werden.

Aus dem gelblichen ›Süßen‹ wird ein trüber ›Rauscher‹, dann ein klarer ›neuer Apfelwein‹ und zuletzt ein ›Alter‹.

In Deutschland behaupten sich neben einigen Großkeltereien in Hessen, Franken, am Bodensee und anderen Anbaugebieten auch viele kleinere Keltereien am Markt. Doch nicht nur in deutschen Landen hat Apfelwein eine Tradition, sondern auch in Frankreich, Großbritannien, Irland und Spanien. Sowohl der französische Cidre als auch der britische bzw. irische Cider oder der spanische Cidra enthalten jedoch meistens weniger Alkohol als deutscher Apfelwein. Der französische Cidre, pur von vornherein süßer als unser Apfelwein, erfreut sich auch bei uns großer Beliebtheit. Er kommt vorwiegend aus der Normandie, genauer gesagt aus den Pays d'Auge, wo ausgedehnte Streuobstwiesen die Landschaft prägen und viele verschiedene Apfelsorten angebaut werden.

Der Speierling, botanisch *Sorbus domestica,* ist vielen allenfalls vom Etikett der Apfelweinflasche her geläufig. Er ist auch bekannt unter den Namen Arschitzenbaum, Atlitzen, Escheritzenbaum, Schmerbirne, Speerbaum, Sperbel, Sperber, Sperrbaum, Sperwe, Spierapfel, Spierbaum, Sporäpfel oder Sporbirn – je nach Region und Mundart. Es handelt sich hierbei um eine Ebereschenart, was man gut an den gefiederten Blättern, die der Eberesche sehr ähneln, erkennen kann. Die Früchte des Speierlings sind apfel- oder birnenförmig und zunächst gelbgrün, in reifem Zustand bräunlich. In festem Zustand sind sie ungenießbar, da sie sehr sauer schmecken. Sobald aber das Fleisch weich wird, entwickelt sich ein milder, süß-säuerlicher, aber auch mehliger Geschmack.

Am bekanntesten ist der Speierling im Gebiet um Frankfurt am Main, wo seit über 150 Jahren der Saft unreif abgeschlagener oder gepflückter Speierlingfrüchte in kleiner Menge (ein bis drei Prozent) dem Apfelwein beigemischt wird. Bei sauren Äpfeln setzt man weniger, bei süßen entsprechend mehr Speierlingsaft zu. Durch diesen herben Zusatz erhält der Apfelwein nicht nur einen besseren Geschmack, er ist auch besser haltbar und bekommt eine schöne Farbe.

Apfelwein-Küche

In einer Zeit, in der man sich gerne ausländischen Eß- und Trinkgewohnheiten hingibt, ist es nicht verkehrt, hin und wieder die Qualitäten unserer heimischen Küche und Produkte mehr in den Mittelpunkt zu rücken. Besonders der Apfel verdient wegen seiner gesundheitsfördernden Eigenschaften Beachtung.

Apfelwein hat mit rund 5,5 Prozent nur etwa halb so viel Alkohol wie ein Weißwein. Apfelwein bietet sich bei vielen Gerichten, bei denen Wasser oder Wein verwendet wird, als Alternative an. Er hat mehr Geschmack als Wasser und verleiht dem Essen eine leicht fruchtige Note. Er dominiert aber geschmacklich nicht so wie Weiß- oder Rotwein.

Apfelwein ist frisch, fruchtig, spritzig. Das darf man auch ruhig einmal schmecken! Soweit nicht anders vermerkt, sind alle Rezepte für vier Personen berechnet. In diesem Sinne wünsche ich Ihnen viel Freude an den Apfelwein-Rezepten!

Ihre
Astrid L. Mannes

Aprikosensuppe mit Apfelwein

Eine Suppe für süße Schleckermäuler! Im Sommer kann sie als Kaltschale gereicht werden.

ZUTATEN:

500 g Aprikosen
½ l Apfelwein
80 g Zucker
3 Eßlöffel Semmelbrösel
1 Teelöffel Zimt
abgeriebene Schale einer halben Zitrone
1 Prise Salz
2 Eigelb
1 Eiweiß
etwas Zucker
ggf. Suppenmakronen zum Garnieren

ZUBEREITUNG:

Aprikosen waschen, halbieren und entsteinen. 100 g Aprikosen mit einer Tasse halb Wasser, halb Apfelwein weichkochen. Die übrigen Aprikosen in 1 Liter Wasser mit den Semmelbröseln, dem Zimt, der abgeriebenen Zitronenschale und der Prise Salz 15 Minuten kochen. Den Apfelwein und den Zucker hinzugeben und weitere 15 Minuten kochen. Die Suppe pürieren, am besten mit dem elektrischen Pürierstab.

Eigelb mit etwas Suppe verrühren und in die Suppe geben. Nicht mehr kochen lassen. Sollte die Suppe zu dicklich sein, dann geben Sie noch etwas Wasser, Apfelwein oder Milch hinzu. Nun die gedämpften Aprikosenhälften hinzugeben.

Eiweiß mit etwas Zucker zu steifem Schnee schlagen. Die Suppe in Suppenschalen füllen. Kleine Eischnee-Klöße auf die Suppe setzen. Mit Suppenmakronen garnieren.

Kürbis-Apfel-Suppe

Der neue Trend für den Herbst!

ZUTATEN:
2 Eßlöffel Olivenöl
1 Eßlöffel Butter
1 große Zwiebel
500 g Kürbis (ohne Schale, am besten Hokkaido)
2 kleine Kartoffeln
2 mittelgroße Äpfel
½ Teelöffel Kurkuma
1 Teelöffel Curry
1 Teelöffel Ingwerpulver
½ l Brühe
¼ l Apfelwein
½ Teelöffel Salz
1 Prise Zucker
1 Lorbeerblatt
1 Becher Crème fraîche
einige Eßlöffel Milch
2 Eßlöffel Calvados oder Apfelkorn
Cayennepfeffer
1 Bund Dill
1 Becher Sahne

ZUBEREITUNG:
Zwiebelwürfel in Öl und Butter glasig dünsten. Kürbis, Kartoffeln und Äpfel schälen (der Hokkaido-Kürbis muss nicht geschält werden) und in kleine Würfel schneiden. Zu den Zwiebeln geben. Gewürze hinzufügen, mischen und unter ständigem Rühren etwas anschmoren. Mit Brühe ablöschen, den Apfelwein zugießen und mit Salz, Zucker und dem Lorbeerblatt würzen. Kurz aufkochen lassen, dann bei mittlerer Hitze und geschlossenem Deckel rund 20 Minuten garen.

Etwas abkühlen lassen, Lorbeerblatt entfernen und zusammen mit Crème fraîche und Milch in der Küchenmaschine oder im Mixer verquirlen. So lange Milch hinzufügen, bis die gewünschte Konsistenz erreicht ist. Mit Calvados oder Apfelkorn abschmecken.

Sahne halbfest schlagen und die Suppe mit der Schlagsahne und dem geschnittenen Dill garnieren.

Apfelhähnchen

Zu dieser Delikatesse passen am besten Reibekuchen.

ZUTATEN:

3/8 l Apfelwein	1 bis 2 Eßlöffel Curry
4 säuerliche Äpfel, möglichst Boskop	weißer Pfeffer
250 g Zwiebeln	5 Eßlöffel Butter
4 Hähnchenkeulen	2 Teelöffel Speisestärke
Salz	2 gehäufte Eßlöffel Haselnußkerne

ZUBEREITUNG:

Apfelwein in eine Schüssel geben. Äpfel schälen, entkernen und in Scheiben schneiden. In den Wein geben.

Zwiebeln abziehen und würfeln.

Hähnchenkeulen waschen und trockentupfen. Mit Salz, Pfeffer und Curry einreiben. Butter im Schmortopf erhitzen und die Hähnchenkeulen darin rundherum goldbraun anbraten. Aus dem Topf nehmen und in einer Auflaufform in den Ofen (200 Grad) stellen. Falls die Keulen zu dunkel werden, mit Alufolie abdecken.

Mittlerweile die Zwiebeln ins Bratfett geben und goldgelb braten. Apfelmischung zugeben. Leicht salzen und pfeffern. 1 bis 2 Eßlöffel Curry hinzugeben. Im geschlossenen Topf 25 Minuten bei geringer Hitze schmoren.

Mittlerweile die Haselnußkerne in einer fettlosen Pfanne rösten.

Speisestärke mit Wasser anrühren und damit das Apfelgemüse binden. Haselnußkerne unterrühren. Mit Gewürzen abschmecken. Die Hähnchenkeulen aus dem Ofen nehmen und separat anrichten.

Apfel-Kartoffel-Gemüse

Schmeckt am besten mit gebratener Blutwurst, Bratwürstchen oder Koteletts.

ZUTATEN:

8 herb-säuerliche Äpfel
½ Zitrone
800 g Kartoffeln
40 g Butter
1 Teelöffel Zucker
¼ l Apfelwein
2 Eßlöffel Crème fraîche

ZUBEREITUNG:

Die Äpfel schälen, entkernen und in Würfel schneiden. Mit dem Saft der halben Zitrone beträufeln.

Die Kartoffeln schälen und würfeln. 40 g Butter im Topf erhitzen, Kartoffelwürfel mit dem Zucker und Salz zugeben und durchbraten. Apfelwein zugießen und 20 Minuten im geschlossenen Topf garen lassen. Apfelwürfel zugeben und weitere 15 Minuten kochen.

Die Crème fraîche unter das Apfel-Kartoffel-Gemüse rühren. Mit Salz und Pfeffer abschmecken.

Apfelwein-Sauerkraut

Eine tolle Kombination!
Was könnte den frischen mild-säuerlichen Geschmack eines guten Sauerkrauts besser unterstreichen als Apfelwein?

ZUTATEN:

500 g Sauerkraut (aus dem Beutel oder der Dose)
½ l Apfelwein
4 bis 5 Lorbeerblätter
5 Wacholderbeeren
2 Eßlöffel Brühepulver
2 bis 3 Eßlöffel Apfelkraut, ungezuckert

ZUBEREITUNG:

Das Sauerkraut mit dem Apfelwein, den Lorbeerblättern, den Wacholderbeeren und dem Brühepulver mindestens zwei Stunden kochen. Zum Schluß Apfelkraut unterrühren, das dem Sauerkraut einen milderen Geschmack verleiht.

Mit Kartoffelbrei und Bratwürstchen, Kasseler, gebratener Blutwurst oder Frankfurter Rippchen anrichten – eine kräftige Herbstmahlzeit!

Ente in Apfelwein

Knuspriges für zwei Personen

ZUTATEN:

1 junge Ente, möglichst nicht zu fett	3 Teelöffel Minze
250 ml Mehl	3 Teelöffel Paprika, edelsüß
2 Eßlöffel Butter	3 Lorbeerblätter
Entenklein, fein gehackt	Salz, Pfeffer
Entenleber, gewürfelt	Thymian
1 große Zwiebel	Petersilie
5 Gewürznelken	250 ml Apfelwein

ZUBEREITUNG:

Den Ofen vorheizen; Ente zurichten, waschen, trocknen, mit Mehl einstäuben und mit Butter in einer Pfanne ca. 10 bis 15 Minuten auf jeder Seite knusprig anbraten. Die Hitze reduzieren, sobald das Fett braun oder gar schwarz zu werden droht. Die Ente aus der Pfanne nehmen und in einen Bräter legen, Entenklein und Leber dazugeben.

Die geschnittene Zwiebel, Nelken, Minze, Paprika, fein geriebenes oder zerschnittenes Lorbeerblatt, Salz, Pfeffer und Thymian über die Ente geben, einen Teil des Apfelweins zugeben und den Bräter schließen. Alles 60 bis 90 Minuten backen. Zwischendurch immer wieder einmal mit Apfelwein übergießen. Danach die Ente etwas ruhen lassen.

Vor dem Servieren mit Petersilie überstreuen. Wichtig ist, dass der Apfelwein die Ente kroß glaciert und eine gute, sämige Sauce gibt.

Filettopf

Wer's gern süß-sauer mag ...

ZUTATEN:

500 g Schweinefilet	2 Äpfel
1 Glas Tomatenpaprika	¼ l Sahne
1 kleines Glas Gewürzgurken	100 ml Apfelwein
500 g Champignons	Currypulver
4 bis 5 Zwiebeln	Paprikapulver
etwas Öl oder Butter	Geschmacksverstärker (z.B. Fondor)

ZUBEREITUNG:

Die Zwiebeln schälen und in Scheiben schneiden. In einer Pfanne mit Fett etwas anbräunen. Dann das in Würfel geschnittene Schweinefilet und die Gewürze

hinzugeben und alles bei starker Hitze braten. Nach 5 bis 6 Minuten Paprika, Gurken, Champignons und den Apfelwein zugeben und weitere 5 Minuten köcheln lassen. Die Äpfel hinzufügen und nach 3 bis 4 Minuten die Sahne beigeben. Alles noch einmal kurz aufkochen lassen und abermals mit Gewürzen abschmecken.

Fleischbällchen mit Zwiebeln ...

... und vielleicht Reis und frischem Salat.

ZUTATEN:

125 g Champignons
1 Knoblauchzehe / nach Belieben
500 g kleine Zwiebeln
500 g gemischtes Hackfleisch
60 g Paniermehl
4 Eßlöffel Erdnußbutter
2 Eßlöffel gehackte Petersilie
1 Teelöffel getrockneter Majoran
Salz, Pfeffer
1 Ei
2 Eßlöffel Öl
250 g Apfelwein
1 Eßlöffel Worcestersauce
2 Eßlöffel Tomatenketchup
1 Lorbeerblatt
1 Eßlöffel Rohrzucker
frische Kräuter zum Garnieren

ZUBEREITUNG:

Die Pilze putzen, mit Küchenpapier abreiben und fein würfeln. Den Knoblauch schälen und durchpressen. Die Zwiebeln schälen. Das Fleisch, das Paniermehl, die Pilze, die Erdnußbutter, die Petersilie, den Majoran, gegebenenfalls den Knoblauch, etwas Salz und Pfeffer in eine Schüssel geben und gut vermischen. Das Ei verquirlen und unterkneten. Mit feuchten Händen nun aus dem Fleischteig kleine Bällchen formen, die etwas größer als die Zwiebeln sein sollten.

Das Öl in einer Pfanne erhitzen und die Fleischbällchen darin rundum kräftig anbraten, dann in einen gewässerten Römertopf legen. (Sie können statt des Römertopfs auch eine Schmorpfanne verwenden.) Die Zwiebeln im Bratensatz in der Pfanne leicht braun anbraten. Mit dem Apfelwein ablöschen, zudecken und ca. 10 Minuten dünsten. Nun die Zwiebeln mit dem Apfelwein zu den Fleischbällchen in den Römertopf bzw. die Schmorpfanne geben.

Worcestersauce und Ketchup verrühren und mit dem Lorbeerblatt zum Fleisch geben. Etwas Salz und Pfeffer sowie den Zucker darüberstreuen.

Den Römertopf zugedeckt in den kalten Backofen stellen, diesen auf 220 Grad (Umluft 200 Grad) aufheizen und das Gericht 40 Minuten garen. Gut verrühren und ohne Deckel weitere 15 Minuten garen. Wenn Sie das Gericht auf dem Herd in einer Schmorpfanne zubereiten, verkürzt sich die Garzeit auf die Hälfte.

Fleischtopf mit scharfer Tomatensauce

Die Chilischote macht's!

ZUTATEN:
500 g mageres Schweinefleisch ohne Knochen
3 Eßlöffel Weizenmehl
Salz, Pfeffer
etwas Olivenöl
4 große Kartoffeln
2 Zwiebeln
4 Salbeiblätter
300 ml Apfelwein
250 g Tomaten
1 grüne Chilischote
1 Knoblauchzehe
1 Eßlöffel Zucker
1 Eßlöffel Limetten- oder Zitronensaft
1 Eßlöffel Sesamsamen
4 Eßlöffel gehackte Petersilie
125 ml Sahne

ZUBEREITUNG:
Die Tomaten überbrühen, häuten und würfeln. Die Chilischote von Stil und Kernen befreien und fein hacken. Knoblauch schälen und durchpressen. Die Zwiebeln schälen und fein würfeln. 2 Eßlöffel Olivenöl und die Hälfte der Zwiebelwürfel mit den Tomaten, der Chilischote, dem Knoblauch, dem Zucker, Zitronensaft sowie etwas Salz und Pfeffer verrühren.

Die Sesamsamen in einem kleinen Topf ohne Fett rösten, bis sie leicht gebräunt sind und duften. Den Topf dabei ständig hin- und herbewegen. Die Sesamsamen unter die Tomatensauce rühren. Mindestens eine Stunde ruhen lassen.

Das Fleisch waschen, trockentupfen und in Würfel schneiden. Die Fleischwürfel in 2 Eßlöffel Mehl wenden, reichlich salzen und pfeffern. Etwas Öl in einer Pfanne erhitzen und das Fleisch darin rundum kräftig anbraten.

Die Kartoffeln waschen, schälen und in kleine Würfel schneiden.

Die restlichen Zwiebelwürfel in einer weiteren Pfanne oder einem kleinen Topf mit dem Salbei bei mittlerer Hitze andünsten; dann das restliche Mehl und den Apfelwein unterrühren. Die Sauce zu dem Fleisch gießen und die Kartoffeln unterheben. Bei kleiner bis mittlerer Hitze ca. 30 bis 35 Minuten köcheln lassen, dabei ab und zu umrühren. Bei Bedarf etwas Wasser oder Apfelwein nachgießen.

Das Fleisch abschmecken und die Petersilie sowie die Sahne unterrühren. Sofort mit der Sauce servieren.

Frankfurter Pudding

Für Erwachsene mit Apfelwein, für Kinder mit Apfelsaft!

ZUTATEN FÜR DEN PUDDING:
1 kg mürbe Äpfel
Saft von einer Zitrone
5 gestrichene Eßlöffel Zucker
1 gestrichener Teelöffel Zimt
10 bis 12 Scheiben altbackenes Roggenbrot
2 Tassen Apfelwein (bzw. Apfelsaft)
2 Eßlöffel Butter
2 Eßlöffel Rosinen, je nach Vorliebe auch Mandeln und Nüsse

ZUTATEN FÜR DIE VANILLESAUCE:
Saucenpulver mit Vanillegeschmack zum Kochen
30 g Zucker
½ l Milch

ZUBEREITUNG:

Die Vanillesauce gemäß Packungsangabe zubereiten. Während die Sauce abkühlt, die Äpfel schälen und in Scheiben schneiden; sofort mit Zitronensaft beträufeln, damit sie nicht braun werden. Zucker und Zimt über die Äpfel streuen.

Das Brot im Ofen rösten und anschließend mit einem Rollholz oder Mixer zerbröseln. Die Brösel mit so viel Apfelwein tränken, daß sie gut durchfeuchtet, aber nicht suppig sind.

In eine gefettete Auflaufform abwechselnd eine Lage Apfelscheiben, Rosinen (eventuell auch noch geriebene Mandeln oder Nüsse) und Brotkrumen schichten.

Die oberste Schicht muß eine Brotschicht sein. Die Oberfläche mit Butterflocken bestreuen. Im vorgeheizten Ofen bei 190 Grad 45 Minuten lang backen.

Gemüseragout aus dem Römertopf

Die läßt sich auch noch mit Pastinaken, Schmorgurken und Zucchini bereichern!

ZUTATEN:
4 Stangen Staudensellerie
2 Stangen Lauch
1 Eßlöffel Butter
2 große Kartoffeln
2 Mohrrüben
½ Blumenkohl
1 Dose Kichererbsen
2 Eßlöffel Tomatenmark
250 ml Apfelwein
1 Eßlöffel Zucker
Salz, Pfeffer
1 Lorbeerblatt
125 g geriebenen Käse
4 Eßlöffel Paniermehl
eventuell Sesamsamen

ZUBEREITUNG:
Lauch und Sellerie waschen und in Stücke schneiden. Butter in einer Pfanne erhitzen und die Lauch- und Selleriestücke darin ca. 5 Minuten dünsten, bis der Lauch zusammenfällt.

Derweil die Kartoffeln und Möhren schälen und in Scheiben schneiden. Blumenkohl waschen und in kleine Röschen teilen. Das Gemüse mit dem Lauch, den abgetropften Erbsen sowie dem Lorbeerblatt in einen gewässerten Römertopf geben. Tomatenmark, Apfelwein, Zucker, Salz und Pfeffer verrühren und über das Gemüse geben.

Den Römertopf zudecken und in den kalten Ofen stellen. Das Gemüse bei 220 Grad (Umluft 200 Grad) eine Stunde im Ofen lassen. Nach einer Stunde das Gemüse gut verrühren, noch einmal mit Salz und Pfeffer abschmecken und mit Käse und Paniermehl und nach Belieben mit den Sesamsamen überstreuen. Weitere 15 Minuten ohne Deckel garen.

Beim Servieren einen Korb mit Weißbrot, am besten Baguette, dazustellen.

Grillhähnchen in Apfelweinrahm …

… und würzig gefüllt …

einfach unwiderstehlich!

ZUTATEN:

1 Hähnchen
250 ml Apfelwein
$^1/_8$ l Sahne
1 Zwiebel
1 Bund Majoran
Olivenöl
Salz, Pfeffer

1 Eßlöffel Senf
1 Eßlöffel Tomatenmark
1 Apfel

ZUBEREITUNG:

Tomatenmark, Senf, Pfeffer, Salz und Sahne verrühren. Das Hähnchen mit dieser Paste einstreichen. Apfel schälen, entkernen und in Spalten schneiden. Die Apfelspalten in eine feuerfeste Form geben.

Hähnchen mit einer enthäuteten und geviertelten Zwiebel und dem Majoran füllen und auf die Apfelstücke legen. Mit dem Apfelwein angießen. Das Ganze 1½ Stunden in dem auf 220 Grad vorgeheizten Backofen garen, dabei das Hähnchen mehrfach wenden.

Nach 30 Minuten die Ofentemperatur auf 180 Grad herunterschalten und weitere 60 Minuten garen. Sollte das Hähnchen dunkel werden, mit Alufolie abdecken. Auch besonders lecker in der kalten Jahreszeit!

Gulasch mit Pflaumen und Äpfeln

Kochen nach Landfrauenart

ZUTATEN:

500 g Gulasch	Majoran
250 g Backpflaumen	¼ l Fleischbrühe
100 g Schmalz	¼ l Apfelwein
250 g Zwiebeln	250 g Äpfel
Salz, Pfeffer	3 bis 4 Eßlöffel Apfelmus

ZUBEREITUNG:

Die Pflaumen über Nacht einweichen. Zwiebeln enthäuten und in kleine Würfel schneiden.

Die Gulaschfleischwürfel im heißen Schmalz 10 bis 15 Minuten anbraten. Kleingeschnittene Zwiebeln hinzufügen und kurz mit anbraten. Würzen. Fleischbrühe und Apfelwein hinzufügen. 90 Minuten schmoren lassen.

Mittlerweile die Äpfel schälen und in Spalten schneiden. 30 Minuten vor Ende der Garzeit die Pflaumen und 15 Minuten später die Äpfel zum Fleisch geben. Zum Schluß das Apfelmus unter das Gulasch geben.

Zu dem deftigen Gulasch passen Spätzle oder Knödel.

Handkäs mit Musik

Das hessische Nationalgericht!

ZUTATEN PRO PERSON:

2 Harzer Käse
5 Eßlöffel Apfelwein
5 Eßlöffel Öl
Salz, Pfeffer
1 Teelöffel Kümmel zum Marinieren
Kümmel zum Bestreuen
1 Zwiebel

ZUBEREITUNG:

Die Käse in eine Schüssel legen und mit Apfelwein und Öl übergießen. Salz, Pfeffer und Kümmel hinzugeben. Die Zwiebel häuten und eine Hälfte in kleine Stücke schneiden und zum Handkäse geben. Den Handkäse nun eine Stunde ziehen lassen.

Nach einer Stunde wird der Handkäse aus der Marinade genommen und auf einem Teller mit Ringen der anderen Zwiebelhälfte angerichtet sowie mit Kümmel bestreut. Dazu reicht man kräftiges Bauernbrot und Butter … und natürlich Apfelwein!

Hessisches Zwiebelgemüse

Lecker zu gebratener Leber, Kasseler oder gebratener Blut- oder Bratwurst samt Kartoffelbrei!

ZUTATEN:

10 Gemüsezwiebeln
40 g Butter
0,1 l Apfelwein
0,1 l Rinderbrühe
Salz, Pfeffer
50 g Rosinen
20 g Weißbrotkrumen oder Paniermehl

ZUBEREITUNG:

Zwiebeln schälen und in Scheiben schneiden. Mit heißem Wasser überbrühen und trocknen lassen. Anschließend in einer Pfanne mit der Butter anschwitzen.

Zucker dazugeben, mit Apfelwein ablöschen. Fleischbrühe hinzugeben. Leicht salzen und pfeffern und zugedeckt garen.

Zum Schluß gewaschene Rosinen und Weißbrotkrumen hinzugeben und noch einmal 5 Minuten garen lassen.

Kalbsleber in Apfelwein-Balsamico-Sauce

Rösti oder Kartoffelbrei und gebratene Apfelscheiben gehören einfach zu Leber!

ZUTATEN:

1 Zwiebel
2 Eßlöffel Mehl
500 g geschnetzelte Kalbsleber
20 g Fett
Salz, Pfeffer
200 ml Apfelwein
3 Eßlöffel Crème fraîche
2 Eßlöffel Aceto Balsamico (Balsamessig)
15 g Butter
1 Bund Petersilie
2 Äpfel

ZUBEREITUNG:

Die Zwiebel häuten, in Ringe schneiden und mit einem Eßlöffel Mehl bestäuben.

Die Leber in zwei Portionen mit etwas Fett kurz, aber scharf anbraten und ebenfalls mit einem Eßlöffel Mehl bestäuben. Nun salzen und pfeffern. Die Leber aus der Pfanne nehmen. Den Bratensatz mit Apfelwein ablöschen und in eine Saucenpfanne oder einen Kochtopf geben. Einkochen, bis nur noch die Hälfte übrig ist. Crème fraîche hinzugeben und weiter einkochen lassen. Mit Balsamessig, Salz und Pfeffer abschmecken.

Die Zwiebelringe mit der restlichen Butter knusprig braten. Petersilie hinzufügen. Die Leber in die Sauce geben und darin noch einmal erwärmen. Derweil zwei Äpfel in Spalten schneiden, kurz anbraten.

Die Leber mit der Sauce auf Tellern anrichten und mit den Zwiebelringen garnieren. Die Apfelspalten dazureichen.

Kartoffelbrei auf rheinhessische Art

Schmeckt am besten mit gebratener Blutwurst!

ZUTATEN:
10 bis 12 mittelgroße Kartoffeln
(800 bis 900 g)
300 ml Apfelwein
300 ml Milch
10 g Butter
½ Teelöffel Salz
Pfeffer
1 Glas Apfelmus mit Stückchen

ZUBEREITUNG:
Die Kartoffeln schälen, halbieren oder vierteln und mit Salzwasser aufsetzen. Die Kartoffeln gar kochen. Milch in einen Topf gießen und bis kurz vors Kochen erwärmen. Nun den Apfelwein hinzugeben. Die Kartoffeln abgießen und mit dem Pürierstab unter Zugießen der Apfelwein-Milch pürieren. Butter unterrühren. Mit Salz und Pfeffer abschmecken. Zum Schluß den Apfelbrei unterrühren.

Kürbis-Zucchini-Auflauf

Mal was anderes zu Halloween!

ZUTATEN:

500 g Kürbisfleisch
¼ l Apfelwein
3 Scheiben frischer Ingwer
1 Gewürznelke
Salz
2 mittelgroße Zucchini (ca. 300 g)
15 g Butter
5 Eßlöffel Wasser
Zitronenpfeffer
60 g Sonnenblumenkerne
15 g Butter
200 g Crème fraîche
4 Eigelb
Pfeffer

ZUBEREITUNG:

Kürbisfleisch in 1 cm große Würfel schneiden. Apfelwein mit zwei Ingwerscheiben, Nelke und ein wenig Salz erhitzen. Den Kürbis darin 5 bis 10 Minuten bißfest garen. In einem Sieb abtropfen lassen. Die Ingwerscheiben herausnehmen. Zucchinis waschen, abtropfen lassen und in gleich große, längliche Stücke schneiden.

Butter schmelzen, die Zucchini darin andünsten. Wasser, Zitronenpfeffer und Salz hinzugeben und 5 Minuten kochen lassen. Dann abtropfen lassen.

Sonnenblumenkerne fettfrei rösten. Gratinform buttern. Crème fraîche mit Eigelb, Pfeffer und Salz verrühren. Die übrige Ingwerscheibe zerdrückt hinzugeben. Abwechselnd Kürbisstücke und Zucchinispalten in die Gratinform einschichten. Die Sonnenblumenkerne über das Gemüse geben und mit der Crème fraîche begießen. Im Backofen bei 225 Grad 20 Minuten gratinieren.

Lamm-Medaillons mit Äpfeln

Natürlich im Römertopf …

ZUTATEN:

1 Zwiebel
2 Äpfel
Öl
Salz, Pfeffer
1 Lorbeerblatt
250 ml Apfelwein
4 Zweige Minze
8 dicke Lamm-Medaillons
(alternativ 4 Schweinekoteletts, wer kein Lamm mag)

ZUBEREITUNG:

Zwiebel fein würfeln, Äpfel schälen, entkernen und in Scheiben schneiden. Öl in der Pfanne erhitzen, die Zwiebel bei kleiner Hitze 5 Minuten darin glasig dünsten, dann Äpfel und das Lorbeerblatt dazugeben. Salz und Pfeffer hinzugeben und alles in einen gewässerten Römertopf geben. Den Apfelwein hinzugießen und die Minzzweige beigeben.

Die Lamm-Medaillons (bzw. Schweinekoteletts) waschen und gut trockentupfen. Öl in einer Pfanne erhitzen und das Fleisch darin kräftig anbraten. Die Medaillons auf die Apfelmischung legen, salzen und pfeffern.

Den Römertopf nun zugedeckt in den kalten Ofen stellen. Auf 220 Grad (Umluft 200 Grad) erhitzen und 40 Minuten schmoren lassen. Den Deckel abnehmen und weitere 19 Minuten garen.

Mischobst

Pur als Nachtisch …

ZUTATEN:	
500 g getrocknetes Mischobst	¾ l Apfelwein

ZUBEREITUNG:
Das Mischobst in einem Topf in dem Apfelwein etwas einweichen lassen. Obst und Apfelwein anschließend aufkochen und mindestens 30 Minuten köcheln lassen, bis es weich ist.

… oder mit Quarkklößen als süße Hauptspeise!

ZUTATEN FÜR DIE QUARKKLÖSSE:	
500 g Quark	1 Eßlöffel weiche Butter
2 Eier	60 bis 70 g Mehl
etwas Zucker	70 bis 80 g Paniermehl
1 Prise Salz	Zimtzucker zum Bestreuen
ein wenig Zitronensaft	

ZUBEREITUNG DER QUARKKLÖSSE:
Einen hohen Topf mit Wasser aufsetzen. Die Zutaten mit dem elektrischen Rührgerät verrühren. Wenn das Wasser kocht, mit zwei Löffeln aus dem Teig Klöße abstechen und ins Wasser geben. Die Klöße bei mittlerer Hitze ziehen lassen, bis sie an die Wasseroberfläche kommen. Mit Zimtzucker bestreuen.

Putenrouladen

Aus der Schmorpfanne oder dem Römertopf

ZUTATEN:

4 dünne Putenschnitzel
4 Frühlingszwiebeln
1 Bund Petersilie
½ Bund Salbei (oder gefriergetrocknet)
2 Scheiben gekochten Schinken
6 Eßlöffel Paniermehl
Salz, Pfeffer
3 Eßlöffel Milch
4 Eßlöffel Preiselbeerkonfitüre
etwas Weizenmehl
etwas Öl
250 ml Apfelwein
4 Eßlöffel saure Sahne
frische Kräuter zum Garnieren

ZUBEREITUNG:

Die Putenschnitzel waschen, trockentupfen, zwischen zwei Lagen Frischhaltefolie legen und mit dem Nudelholz flachrollen. Die Zwiebeln putzen, waschen und fein würfeln. Petersilie und Salbei waschen und trockenschütteln. Die Blätter abzupfen und hacken. Den Schinken in kleine Würfel schneiden. Die Kräuter mit Paniermehl, Schinken, Zwiebeln, etwas Salz und Pfeffer vermischen.

Die Milch unterrühren und die Füllung dünn auf die Putenschnitzel streichen.

Etwas Preiselbeerkonfitüre dünn auf die Füllung streichen. Die Putenschnitzel zu Rouladen aufrollen und mit Holzspießchen feststecken. Rundum mit Mehl bestäuben und mit Salz und Pfeffer würzen.

Etwas Öl in einer Pfanne erhitzen und die Rouladen darin rundum kräftig anbraten. Die Rouladen aus der Pfanne nehmen.

Mehl in die Pfanne geben und unter Rühren mit dem Apfelwein ablöschen. Die Sauce mit Salz und Pfeffer abschmecken. Die Rouladen in die Sauce legen und in der Schmorpfanne 30 bis 35 Minuten zugedeckt bei mittlerer Hitze köcheln lassen. (Im Römertopf 50 Minuten garen lassen.)

Die Holzspieße entfernen, die Rouladen in Scheiben schneiden und auf vier Teller fächerartig anrichten. Die saure Sahne unter die Sauce rühren und mit den Kräutern garnieren. Dazu Salat oder Gemüse der Saison reichen.

Rinderfilet mit Pfeffer-Käse-Sauce ...

... und am besten mit Rösti oder Kartoffelpuffer, Kartoffelgratin oder Kroketten sowie grünen Stangenbohnen.

ZUTATEN:

800 g Rinderfilet
3 Eßlöffel Öl
50 Gramm Butter (20 g plus 30 g)
4 Zweige Thymian
100 ml Apfelwein
2 Zwiebeln
100 ml Rinderfond
150 g Pfefferfrischkäse
125 ml Milch
100 ml Sahne
2 Eßlöffel Cognac
Salz
weißer Pfeffer

ZUBEREITUNG:

Fleisch abspülen und trockentupfen. Mit Salz und Pfeffer einreiben. Die Zwiebeln enthäuten und in Scheiben schneiden.

Öl und 20 g Butter erhitzen und das Fleisch darin mit den Thymianzweigen 20 Minuten lang braten. Das Fleisch mehrfach wenden. Anschließend das Fleisch in Alufolie wickeln und im vorgeheizten Backofen bei 80 Grad warm halten.

Bratfett mit Thymian aus der Pfanne in einen Topf gießen. Die restliche Butter (30 g) in die Pfanne geben. Die Zwiebeln darin goldbraun braten, ebenfalls warm stellen. Den Bratenfond mit Apfelwein und dem Rinderfond aufkochen, den Käse portionsweise dazugeben und schmelzen lassen. Nach und nach Milch und Sahne hinzugeben. Mit Salz, Pfeffer und Cognac abschmecken.

Fleisch in Scheiben schneiden, mit den Zwiebeln anrichten und der Sauce umgießen.

Rouladen mit Apfel-Walnuß-Füllung

Es muss nicht immer eine pikante Füllung sein!

ZUTATEN:

50 g gehackte Walnüsse
1 Eßlöffel gerebelter Majoran
2 Äpfel
1 Eßlöffel Zitronensaft
4 Rinderrouladen
Salz, Pfeffer
etwas Walnußöl
400 ml Apfelwein
2 Eßlöffel heller Saucenbinder
1 Prise Zucker
40 g Butter

ZUBEREITUNG:

Die Äpfel samt Schale in sehr kleine Würfel schneiden und mit dem Zitronensaft, den Walnüssen und dem Majoran vermischen. Die Rouladen von beiden Seiten leicht salzen und pfeffern. Die Füllung nun auf die Rouladen verteilen. Die Rouladen von einer Seite her fest aufrollen und zuklammern oder zusammenstecken. In heißem Öl rundum anbraten. Apfelwein hinzugießen und zugedeckt bei mittlerer Hitze 40 Minuten schmoren lassen. (Sollte von der Füllmasse etwas übriggeblieben sein, so können Sie das in die Sauce geben und mitschmoren lassen.) Das Fleisch herausnehmen und warm halten.

Die Sauce mit Saucenbinder binden und mit Salz, Pfeffer und Zucker würzen. Nun die Butter stückchenweise in die kochende Sauce rühren. Die Rouladen wieder in die Sauce geben und servieren.

Schwarzwurzeln in Apfelweinsauce

Wem das Schwarzwurzelschälen nichts ausmacht ...

ZUTATEN:
800 g Schwarzwurzeln
(gibt's auch im Glas)
Salz
Saft von einer Zitrone
3 säuerliche Äpfel (z.B. Boskop)
4 Schalotten
2 Eßlöffel Butter
300 ml Apfelwein
100 g Crème fraîche
Muskatnuß
schwarzer Pfeffer
1 Bund Petersilie

ZUBEREITUNG:
Die Schwarzwurzeln unter fließendem Wasser gut abbürsten und schälen. Abermals waschen und in Stücke schneiden. In einen Topf mit Salzwasser und Zitronensaft geben und zugedeckt ca. 20 Minuten bei mittlerer Hitze kochen lassen.

Inzwischen die Äpfel schälen, entkernen und würfeln. Die Schalotten ebenfalls schälen und würfeln. Butter in einem Topf zerlassen und die Schalotten- und Apfelwürfel darin andünsten. Den Apfelwein hinzufügen und alles bei mittlerer Hitze köcheln, bis die Äpfel ganz durch sind. Crème fraîche hineinrühren. Mit Muskat, Salz und Pfeffer abschmecken.

Die Schwarzwurzeln gut abtropfen lassen und unter die Apfelweinsauce rühren. Gehackte Petersilie über das Ragout streuen.

Seeteufelfilet im Apfelwein

Ein Festessen für besondere Anlässe!

Dazu vielleicht Reis und grüner Salat oder Mohrrüben.

ZUTATEN:

4 Seeteufel-Filetstücke zu je 200 g
40 g Paniermehl
etwas Butter für die Pfanne
120 ml Apfelwein
80 ml Fischfond aus der Konserve
Salz, Pfeffer
Zitronensaft
gemahlener Ingwer
20 g Butter
40 ml Apfelwein
1 Eigelb
1 Ei

ZUBEREITUNG:

Die Seeteufel-Medaillons mit Salz, Pfeffer und Zitronensaft marinieren. Den Ingwer mit dem Paniermehl vermischen. Eine passende Pfanne ausbuttern und die Fischstücke darin nebeneinander anordnen. 120 ml Apfelwein und 80 ml Fischfond hinzugeben und zum Kochen bringen. Nun den Fisch bei geringerer Hitze 15 bis 20 Minuten dünsten. Eventuell größere Fischstücke einmal wenden. Den Fisch herausnehmen und mit dem Ingwer- Paniermehl bestreuen. In einer frischen Pfanne mit etwas Butter von allen Seiten bei schwacher Hitze goldbraun braten.

Derweil die Eigelb in einem kleinen Topf mit dem Fischfond und dem übrigen Apfelwein im Wasserbad cremig aufschlagen. Mit Zitronensaft, Salz und Pfeffer abschmecken. Mit dem Fisch servieren.

Zucchini-Kürbis-Tarte

Herzhaftes in seiner leckersten Form.

ZUTATEN:

150 g Mehl	300 g Zucchini
1 Eigelb	Salz
3 Eßlöffel Wasser	Pfeffer
50 g Butter	200 g gewürfelter Schinken (roh oder gekocht)
1 Prise Salz	50 g Kürbiskerne
200 ml Apfelwein	250 g Crème fraîche
Saft von einer Zitrone	4 Eier
400 g Kürbisfleisch (1 kleiner Kürbis, z.B. Hokkaido)	150 g geriebener Gouda oder Tilsiter

ZUBEREITUNG:

Mehl, das Eigelb, Wasser und Butter und Salz zu einem glatten Teig kneten. Diesen in Folie wickeln und für eine Stunde in den Kühlschrank legen.

Den Teig anschließend auf einer bemehlten Arbeitsfläche ausrollen. In eine gefettete und bemehlte Tarteform (26 cm Ø) legen. Den Rand hochziehen.

Für den Belag den Kürbis schälen und das Fleisch würfeln. Die Zucchini ungeschält in Würfel schneiden. Apfelwein mit dem Zitronensaft in eine Topf geben und zum Kochen bringen. Die Gemüsewürfel darin so lange garen, bis die Flüssigkeit verdampft ist. Das Gemüse mit Salz und Pfeffer würzen.

Schinken und Gemüse auf dem Teig verteilen und mit den Kürbiskernen bestreuen.

Crème fraîche mit den Eiern verrühren, salzen und pfeffern und über den Belag gießen. Den Käse darüberstreuen. Im vorgeheizten Backofen bei 180 Grad ca. 40 Minuten backen.

Gorgonzola-Fondue

Grüezi mitanand!

ZUTATEN:

500 g Weißbrot
3 kleine Auberginen
3 mittelgroße Zucchini
Salz
2 Eßlöffel Öl
schwarzer Pfeffer
¼ l Apfelwein
200 g Crème fraîche
400 g Gorgonzola
2 Teelöffel Speisestärke
Apfelkorn nach Belieben (ca. 2 cl)

ZUBEREITUNG:

Auberginen und Zucchini waschen und in ca. 1 cm dicke Scheiben schneiden. Das Öl in einer Pfanne erhitzen und die Gemüsescheiben darin von jeder Seite etwa eine Minute braten. Herausnehmen und halbieren, mit Salz und Pfeffer würzen.

Den Apfelwein und die Crème fraîche in den Caquelon (Fonduegefäß) geben und auf dem Herd erhitzen. Den Käse entrinden, kleinschneiden und nach und nach im Wein schmelzen lassen. Dabei rühren.

Die Speisestärke mit dem Apfelkorn (wahlweise Wasser) glattrühren, zum Käse gießen und diesen aufkochen und binden. Auf dem Rechaud (es geht auch ein Warmhalterost mit Teelichtern) bei kleiner Flamme heiß halten.

Brot in Würfel schneiden. Jeder spießt am Tisch Brot oder Gemüsescheiben auf seine Fonduegabel und tunkt sie in das Käsefondue.

Statt Gemüse können auch Bananen- und Birnenstücke getunkt werden.

Mainzer Fondue
Silvesterklassiker

ZUTATEN:

500 g kräftiges Mischbrot
40 g durchwachsener Rauchspeck
1 Teelöffel Butter
1 Knoblauchzehe
600 g Mainzer Käse
100 ml Milch
100 ml Apfelwein
1 bis 2 Teelöffel Speisestärke
3 Eßlöffel Zitronensaft
schwarzer Pfeffer

ZUBEREITUNG:

Den Caquelon mit Speck ausreiben und die Butter hineingeben. Den Speck nun fein würfeln und in den Caquelon geben. Den Knoblauch schälen und dazupressen. Bei mittlerer Hitze Speck ausbraten lassen.

Den Käse kleinschneiden und nach und nach, abwechselnd mit der Milch und dem Apfelwein, hinzugeben und bei schwacher Hitze gut verrühren.

Die Speisestärke mit dem Zitronensaft glattrühren, zum Fondue gießen und dieses binden. Mit Pfeffer abschmecken. Auf dem Rechaud bei kleiner Flamme heiß halten.

Das Brot mundgerecht würfeln. Jeder spießt am Tisch Brot auf seine Fonduegabel und taucht es in die Käsemasse.

Apfel-Panna-cotta

Italienisches auf gut hessisch

ZUTATEN:

2 mittelgroße Äpfel	200 g Zucker
100 g Zucker	eine halbe Vanilleschote
$^1/_8$ l Apfelwein	(oder Vanillearoma)
¼ l Milch	8 Blatt Gelatine
¼ l Süße Sahne (200 g)	1 Eßlöffel Fett

ZUBEREITUNG:

Eineinhalb Äpfel schälen, vierteln und mit 100 g Zucker und dem Apfelwein in einen Topf geben, aufkochen und dünsten, bis sie weich sind. Das Kompott mit einem Pürierstab zu einem stückigen Apfelbrei verarbeiten.

Die Gelatine gemäß Packungsangabe einweichen. Die Milch mit der Sahne, 200 g Zucker und der Vanilleschote in einen Topf geben und aufkochen. Vom Herd nehmen und die ausgedrückte Gelatine einrühren, bis sie sich ganz aufgelöst hat. Etwas abkühlen lassen und das Apfelpüree einrühren. Die Flüssigkeit in Portionsschälchen oder Förmchen füllen und im Kühlschrank erstarren lassen.

Nach ca. 3 Stunden kann die Creme gestürzt werden. Am besten löst sich die Creme aus der Form, wenn man sie vorher in heißes Wasser stellt.

Kurz vor dem Servieren die übrige Apfelhälfte in Scheiben schneiden. In einer Pfanne mit etwas Fett andünsten und die Creme anschließend damit dekorieren.

Apfelsorbet

Ein eisiger Traum!

ZUTATEN:

4 Äpfel
150 ml Apfelwein
65 g Zucker
1 Eiweiß
2 Eßlöffel Schokoraspel

ZUBEREITUNG:

Äpfel schälen, vierteln und entkernen. Mit dem Apfelwein und Zucker ca. 10 Minuten dünsten. Äpfel und Flüssigkeit mit dem Pürierstab oder im Mixer pürieren. Mit Wasser oder Apfelwein auf 600 ml auffüllen. In einen Gefrierbehälter geben und fest verschlossen 2 Stunden anfrieren lassen. Eiweiß steif schlagen und unter das Eis rühren. 2 Stunden lang einfrieren. Nochmals durchschlagen, dann wieder einfrieren, bis das Eis fest ist.

30 bis 50 Minuten vor dem Servieren in den Kühlschrank stellen, damit es weicher wird. Dann in Gläser füllen und mit Schokoraspeln dekorieren.

Apfelsülze

Schon am Vortag zubereiten!

ZUTATEN:
500 g Äpfel
50 g Zucker
¼ l Apfelwein
¾ l Apfelsaft
15 Blatt Gelatine

ZUBEREITUNG:
Äpfel schälen, halbieren, entkernen und in Stücke schneiden. Apfelstückchen mit Zucker und Apfelwein 5 bis 10 Minuten dünsten. Anschließend in einem Sieb abtropfen lassen, die Flüssigkeit dabei auffangen und mit dem Apfelsaft verrühren.

Gelatine nach Vorschrift einweichen, ausdrücken und in der erwärmten Apfelflüssigkeit auflösen. Etwas Gelierflüssigkeit in eine Napfkuchenform gießen und für 15 Minuten im Kühlschrank fest werden lassen. Die restliche Gelierflüssigkeit warm halten, damit sie nicht erstarrt.

Die Hälfte der Apfelstückchen auf dem fest gewordenen Geleespiegel verteilen. Wieder etwas Gelierflüssigkeit darübergießen und weitere 15 Minuten im Kühlschrank erstarren lassen. Mit den übrigen Fruchtstücken und der restlichen Gelierflüssigkeit den Vorgang wiederholen.

Die Apfelsülze im Kühlschrank über Nacht erstarren lassen.

Apfelwein-Götterspeise

Empfehlenswert, wenn am nächsten Tag Gäste kommen!

ZUTATEN:

1 Päckchen Götterspeise mit Zitronengeschmack

½ l Apfelwein

80 g Zucker

ZUBEREITUNG:

Die Götterspeise nach Packungsangabe zubereiten, dabei jedoch das Wasser durch den Apfelwein ersetzen. Statt der 100 g Zucker, die auf der Packung angegeben sind, nur 80 g verwenden. 6 Stunden im Kühlschrank erstarren lassen.

Apfelweinmousse

Zeitaufwand, der sich lohnt!

ZUTATEN FÜR 6 PERSONEN:

1 Flasche Apfelwein	2 Eiweiß
6 Blatt Gelatine	30 g Puderzucker
250 g Crème fraîche	1 Prise Salz
100 g Puderzucker	Schale von 1 Zitrone
200 g Sahne	6 würzige Äpfel

ZUBEREITUNG:

Vom Apfelwein ein halbes Glas abfüllen und beiseite stellen. Den restlichen Apfelwein in einen Topf gießen und so lange einkochen, bis nur noch ca. ein halbes Glas Weinreduktion übrig ist. (Geduld, das Einkochen dauert sehr lange!) Die Gelatine vorschriftsmäßig in kaltem Wasser einweichen. Nach 5 Minuten ausdrücken und in der heißen Weinreduktion auflösen.

Crème fraîche mit 100 g Puderzucker aufschlagen. Zitronenschale hinzufügen. Die Sahne steif schlagen. Eiweiß halb steif schlagen, dann restlichen Puderzucker und Salz hinzufügen und ganz steif schlagen. Warme Weinreduktion mit dem beiseite gestellten Apfelwein in die Crème fraîche geben. Nun die steife Sahne und das Eiweiß gut unterheben, bis eine einheitliche Masse entstanden ist. Die Masse in Förmchen geben und im Kühlschrank ca. 2 Stunden fest werden lassen.

Die Äpfel schälen, entkernen und in Scheiben schneiden. Mit etwas Butter in einem Topf schmoren, bis sie weich werden.

Zum Servieren die Mousse mit einem Messer leicht vom Förmchenrand lösen und stürzen und zusammen mit den Äpfeln reichen. Anstelle der Äpfel können Sie die Mousse auch mit frischen Feigen, Obst-Cocktail, Fruchtsaucen oder rote Grütze anrichten.

Apfelweinsauce

Für die spezielle Note verschiedener Desserts!

ZUTATEN:

$^3/_8$ l Apfelwein
$^1/_8$ l Wasser
4 Eier
70 g Zucker
20 g Speisestärke

ZUBEREITUNG:

Apfelwein und Wasser mit Zucker in einem emaillierten Topf aufkochen. Stärke mit etwas Wasser anrühren, in die Flüssigkeit gießen und kräftig rühren, bis die Flüssigkeit eindickt. Den Topf vom Herd nehmen.

4 Eigelb mit etwas heißer Sauce verquirlen, in den Topf geben und gut durchrühren. Das Eiweiß zu Schnee schlagen und unter die Sauce heben. Das Ganze kalt stellen.

Apfelweinschaum auf Apfelmus

Da gehört eigentlich ein Sahnehäubchen drauf …

ZUTATEN:

4 Eier
2 Eßlöffel Zucker
1 Päckchen Vanillinzucker
$^{1}/_{8}$ l Apfelwein
4 Blätter weiße Gelatine
1 Messerspitze Zimt
Saft von 1 Zitrone
200 g Schlagsahne
1 Glas (à 710 ml) Apfelmus mit Stückchen
2 rote Äpfel
evtl. Sahne zum Dekorieren

ZUBEREITUNG:

Die Gelatine vorschriftsgemäß in Wasser einweichen. Die Eier trennen. Das Eigelb mit einem Eßlöffel Zucker und dem Vanillinzucker im heißen Wasserbad dickschaumig schlagen. Mittlerweile den Apfelwein im Topf erhitzen. Die ausgedrückte Gelatine im heißen Apfelwein auflösen, aber nicht kochen lassen! Die Eimasse aus dem Wasserbad herausnehmen und Zimt und einen Eßlöffel Zitronensaft unterrühren. Das Eiweiß mit einem Eßlöffel Zucker steif schlagen. Die Sahne ebenfalls steif schlagen. Erst den Apfelwein, dann die Sahne und den Eischnee unter die Creme heben.

Apfelmus in Dessertgläser oder eine Dessertschale füllen. Den Apfelweinschaum darauf verteilen. Für ca. 1 Stunde in den Kühlschrank stellen.

Mittlerweile die Äpfel waschen, entkernen und in kleine Stücke schneiden, dann im restlichen Zitronensaft dünsten und abkühlen lassen. Nach Belieben noch einmal etwas Sahne steif schlagen.

Desserts mit Apfelstückchen und gegebenenfalls Sahne dekorieren.

Beeren in Apfelweingelee

Eine sommerliche Erfrischungsbombe!

ZUTATEN:

350 g gemischte Beeren (frisch oder tiefgekühlt)
Saft und Schale von 1 Zitrone
6 Blatt Gelatine (alternativ 4 gehäufte Teelöffel Agar-Agar)
100 g Zucker
½ l Apfelwein
2 Eigelb
2 Eier
2 Eßlöffel Zucker
2 Eßlöffel Apfelwein
2 Teelöffel Zitronensaft

ZUBEREITUNG:

Zunächst die Gelatine in Wasser einweichen und die Beeren verlesen, waschen und trockentupfen.

Zitronensaft, Zitronenschale, Zucker und Apfelwein in einen Topf geben, aufkochen und unter Rühren ca. 2 Minuten köcheln lassen. Vom Herd nehmen. Die Gelatine ausdrücken und in die Weinmasse geben.

Die Beeren auf Portionsförmchen verteilen. (Tiefgefrorene Beeren unaufgetaut in die Portionsförmchen geben.) Die lauwarme Weinmasse einfüllen, so daß alle Früchte bedeckt sind. Das Gelee für 3 Stunden in den Kühlschrank stellen.

Eigelb, Ei, Zucker, Apfelwein und Zitronensaft in heißem Wasserbad zu einer dicklichen Creme schlagen.

Die Förmchen kurz in heißes Wasser tauchen und das Gelee auf Dessertteller stürzen. Mit der Weinschaumcreme umgießen.

Statt Gelatine können Sie auch 4 gehäufte Teelöffel Agar-Agar verwenden. Dieses Rotalgengelee aus dem Reformhaus wird mit dem Zitronensaft, der Zitronenschale, dem Zucker und dem Apfelwein in einen Topf gegeben und aufgekocht.

Beschwipste Grütze

Auch dazu schmeckt natürlich leicht gesüßte Schlagsahne!

ZUTATEN:
500 g säuerliche Äpfel
½ l Apfelwein
¼ l Apfelsaft
60 g Zucker
1 Päckchen Vanillinzucker
50 g Korinthen
Schale von 1 Zitrone
1 Eßlöffel Zitronensaft
60 g Speisestärke

ZUBEREITUNG:

Die Äpfel schälen, entkernen und in dünne Scheiben schneiden. Apfelwein und Apfelsaft mit dem Zucker, dem Vanillinzucker, den Korinthen und der Zitronenschale aufkochen. Apfelscheiben hinzufügen und 10 Minuten dünsten. Die Speisestärke mit Wasser anrühren und in die Flüssigkeit geben. Gut umrühren und kurz aufkochen lassen. Mit Zitronensaft abschmecken.

Bratäpfel in Apfelweinsauce

Eine winterliche Verführung!

ZUTATEN FÜR DIE BRATÄPFEL:
4 große säuerliche Äpfel (z.B. Boskop)
Saft von 1 Zitrone
50 g Rosinen
4 Eßlöffel Rum
4 Stück Würfelzucker
2 Teelöffel Butter
2 Eßlöffel gehackte Mandeln
4 Teelöffel Preiselbeeren (aus dem Glas) oder Pflaumenmus
1 Teelöffel Zimt
2 Eßlöffel Butter

ZUTATEN FÜR DIE SAUCE:
$^3/_8$ l Apfelwein
$^1/_8$ l Wasser
4 Eier
70 g Zucker
30 g Speisestärke

ZUBEREITUNG:
Die Äpfel waschen und entstielen. Von den Äpfeln waagerecht eine Deckel abschneiden und mit einem Löffel das Kerngehäuse herausholen. Die Äpfel mit Zitronensaft beträufeln. Die Rosinen mit Rum, Würfelzucker, Butter, Mandeln und Preiselbeeren oder Pflaumenmus einfüllen und den Zimt darüberstreuen. Auf jeden Apfel eine Butterflocke plazieren. Die Äpfel in eine Auflaufform setzen und im Backofen bei 200 Grad ca. 40 Minuten garen.

Derweil den Apfelwein mit dem Wasser und Zucker in einem emaillierten Topf aufkochen. Die Stärke mit etwas Wasser glattrühren, in die heiße Flüssigkeit geben und kräftig rühren, bis die Flüssigkeit eindickt. Den Topf nun vom Herd nehmen. 4 Eigelb mit etwas heißer Sauce verquirlen, in den Topf geben und gut durchrühren. Das Eiweiß zu Schnee schlagen und unter die Sauce heben. Bis die Äpfel gar sind, die Sauce so lange kalt stellen und gekühlt zu den Bratäpfeln reichen.

Fritierte Apfelspalten

... mit Apfelwein-Sauce

ZUTATEN FÜR DIE APFELSPALTEN:
250 g Mehl
80 g Zucker
1 Prise Salz
¼ l helles Bier
3 Eiweiß
2 Eßlöffel Öl
8 mittelgroße Äpfel
etwas Mehl zum Bestäuben
1 l Öl oder 1 kg Plattenfett oder Schmalz

ZUTATEN FÜR DIE APFELWEIN-SAUCE:
3 Eier
50 g Zucker
¼ l Apfelwein
etwas Zimt

ZUBEREITUNG:
Aus Mehl, Zucker, Salz, Bier, Eiweiß und Öl mit dem elektrischen Rührgerät einen Rührteig herstellen. Die Äpfel schälen, entkernen und in Spalten schneiden. Diese dann mit Weizenmehl bestäuben und in den Bierteig tauchen. Das Fritierfett in der Friteuse oder im Fritiertopf auf 175 Grad erhitzen und die Apfelspalten darin ausbacken.

Für die Sauce die Eier mit dem Zucker im heißen Wasserbad schaumig schlagen. Apfelwein, Zimt und Zitronensaft langsam hinzugeben und weiterschlagen, bis die Masse dicklich wird. Sie darf auf keinen Fall kochen!

Die Sauce zu den fritierten Apfelspalten reichen.

Götterspeise mit Waldmeistergeschmack

Apfelwein unterstreicht den Waldmeistergeschmack, ohne ihn zu verändern.

ZUTATEN:

1 Päckchen Götterspeise mit Waldmeister-Geschmack	½ l Apfelwein
	80 g Zucker

ZUBEREITUNG:

Die Götterspeise nach Packungsangabe zubereiten, dabei jedoch das Wasser durch den Apfelwein ersetzen. Statt der 100 g Zucker, die auf der Packung angegeben sind, nur 80 g verwenden. 6 Stunden im Kühlschrank erstarren lassen.

Dazu kann nach Belieben Vanillesauce gereicht werden.

Johannisbeerschaum

Aber bitte mit Sahne!

ZUTATEN:

2 Päckchen gemahlene Gelatine, rot
2 Eiweiß
200 g Zucker
200 ml roter oder schwarzer Johannisbeersaft
200 ml Apfelwein
Saft von einer Zitrone
1½ Becher Sahne
1 bis 2 Eßlöffel Johannisbeergelee

ZUBEREITUNG:

Die Gelatine in einen Topf geben und für 10 Minuten in kaltem Wasser gemäß Packungsangabe einweichen. Anschließend auf dem Herd erhitzen, bis die Gelatine flüssig geworden ist. Saft, Apfelwein und Zitronensaft hinzugeben und erhitzen, aber nicht kochen. Im Kühlschrank abkühlen lassen. Wenn die Masse anfängt, dicklich zu werden, das Eiweiß mit dem Zucker zu einer festen, schaumigen Masse schlagen.

Ebenso einen Becher Sahne steif schlagen. Die Gelatinemasse unter den Eischnee ziehen. Die Sahne unterheben. Die Creme in Dessertgläser oder Schälchen füllen und im Kühlschrank fest werden lassen. Die restliche Sahne steif schlagen und auf die Creme spritzen. Sehr dekorativ sieht es aus, wenn Sie kleine Punkte aus Johannisbeergelee in die Mitte setzen.

Pampelmusen-Orangen-Gelee

Eine herb-frische Hommage an die zehnte Muse: die Pampel!

ZUTATEN:

4 Pampelmusen	½ l Apfelwein
2 Orangen	15 Blatt Gelatine
130 g Zucker	⅛ l Sahne

ZUBEREITUNG:

Die Früchte halbieren und auspressen. Den Fruchtsaft mit Zucker abschmecken.

Die Gelatine nach Vorschrift einweichen. Apfelwein im Topf erhitzen. Die ausgedrückte Gelatine einrühren, aber nicht kochen. Den Apfelwein leicht auskühlen lassen und unter den gesüßten Fruchtsaft rühren.

Flüssigkeit in eine Dessert- oder Backform füllen und im Kühlschrank erstarren lassen. Die Form dann kurz in heißes Wasser stellen und die Creme stürzen.

Sahne steif schlagen, in einen Spritzbeutel füllen und das Gelee garnieren.

Rote Beerengrütze

… mit Vanillesauce

ZUTATEN:

500 g gemischte rote Beeren
¼ l Apfelwein
etwas Zucker
1 Messerspitze Zimt
1 Teelöffel Vanillinzucker
1 Schuß Orangensaft
1 Teelöffel Speisestärke zum Binden
¼ l Vanillesauce
½ l Milch

ZUBEREITUNG:

Die Beeren verlesen, waschen und gut abtropfen lassen. Abschließend mit Apfelwein zusammen mit dem Pürierstab oder im Mixer pürieren.

Das Püree in einem Topf zum Kochen bringen; Zucker, Zimt und Vanillinzucker hinzugeben. Die Speisestärke mit dem Orangensaft glattrühren und das Püree damit binden.

Die Masse in Schälchen füllen und im Kühlschrank erkalten lassen. Die Vanillesauce nach Packungsangabe zubereiten und zu der erkalteten Beerengrütze reichen.

Sigrids rote Apfelcreme

... mit Sahnedekoration

ZUTATEN:

4 mittelgroße säuerliche Äpfel (z.B. Boskop)
¼ l Apfelwein
200 g Zucker
Saft und Schale von 1 Zitrone,
6 Blatt rote Gelatine
4 Eiweiß
$^3/_8$ l Sahne

ZUBEREITUNG:

Äpfel schälen und vierteln, zusammen mit dem Apfelwein und Zucker ganz weichkochen. Gelatine gemäß Packungsangabe quellen lassen.

Das Apfelkompott durch ein Sieb streichen. Die Gelatine ausdrücken und in die noch heiße Apfelmasse einrühren, bis sie ganz gelöst ist. Zitronensaft und Zitronenschale dazugeben, alles gut abkühlen lassen.

Wenn die Masse anfängt fest zu werden, steifgeschlagenes Eiweiß und ¼ l sehr steif geschlagene Sahne unterheben. Nun die Creme in eine Glasschale oder Dessertschälchen füllen und für einige Stunden in den Kühlschrank stellen, bis sie fest ist. Die restliche Sahne steif schlagen und die Creme damit verzieren.

Traubengelee

Ein schönes Dessert für Spätsommer und Herbst!

ZUTATEN:

400 g Weintrauben
½ l Traubensaft
¼ l Apfelwein
12 Blatt Gelatine
einige Tropfen Vanillearoma
evtl. 1 bis 2 Eßlöffel Zucker

ZUBEREITUNG:

Die Weintrauben verlesen, waschen, trockentupfen, halbieren und entkernen. Die Trauben in vier Dessertschälchen füllen und beiseite stellen. Die Gelatine nach Packungsangabe in Wasser einweichen.

Den Traubensaft und den Apfelwein in einem Topf erhitzen und die ausgedrückte Gelatine darin auflösen. Das Gelee mit Vanillearoma und nach Belieben mit 1 bis 2 Eßlöffeln Zucker abschmecken. Die Masse gleichmäßig über die Weintrauben gießen. Im Kühlschrank einige Stunden erkalten lassen. Anschließend die Schälchen stürzen und mit Weintrauben garnieren.

Vierfruchtgrütze

… mit Apfelwein als fünfte ›Frucht‹!

Zutaten:

200 g rote Johannisbeeren
200 g schwarze Johannisbeeren
200 g Himbeeren
100 g Stachelbeeren nach Belieben
½ l Apfelwein
120 g Zucker
60 g Speisestärke

Zubereitung:

Johannisbeeren waschen, gegebenenfalls von den Stielen streifen und mit den Himbeeren und dem Apfelwein zum Kochen bringen. Im geschlossenen Topf ca. 10 Minuten ziehen lassen. Fruchtmasse durch ein Sieb streichen, Schalen und Kerne zurückhalten.

Fruchtsaft und -mark mit Wasser oder Apfelwein auf 1 Liter auffüllen und mit dem Zucker aufkochen lassen. Nach Belieben die gewaschenen, gesäuberten Stachelbeeren hinzugeben und kurz mitkochen.

Speisestärke in ca. 2 Eßlöffeln Wasser anrühren und in die Beerenmasse einrühren. Kurz aufkochen. In Glasschälchen verteilen oder in eine Glasschale füllen und abkühlen lassen.

Weintraubengelee mit Paradiescreme

ApfelWeinTrauben

ZUTATEN FÜR DAS GELEE:
500 g grüne oder blaue Weintrauben
1 Päckchen Götterspeise mit Waldmeistergeschmack
½ l Apfelwein
80 g Zucker

ZUTATEN FÜR DIE CREME:
100 ml Milch
Saucenpulver (ohne Kochen anzurühren) mit Vanillegeschmack
75 g Crème fraîche

ZUBEREITUNG:
Die Weintrauben waschen, halbieren und entkernen. Auf 4 Dessertschälchen verteilen.

Die Götterspeise nach Packungsangabe zubereiten, dabei jedoch das Wasser durch den Apfelwein ersetzen. Statt der 100 g Zucker, die auf der Packung angegeben sind, nur 80 g verwenden.

Die Götterspeise in die Dessertschälchen füllen und 6 Stunden im Kühlschrank erstarren lassen.

Für die Paradiescreme die Vanillesauce mit nur 100 ml Milch, aber sonst nach Vorschrift zubereiten und die Crème fraîche unterschlagen. Gegebenenfalls mit einem Minzblatt dekorieren.

Zwetschgen-Panna-cotta

Mindestens so gut wie Pflaumenmus!

ZUTATEN:

200 g reife Zwetschgen	¼ l Milch
100 g Zucker	¼ l Sahne (200 g)
⅛ l Apfelwein	200 g Zucker
Saft von ½ Zitrone	½ Vanilleschote (oder Vanillearoma)
Saft von ½ Orange	8 Blatt Gelatine
1 Prise Zimt	12 Zwetschgen zum Dekorieren

ZUBEREITUNG:

Die reifen Zwetschgen waschen, halbieren und entsteinen. Die Früchte dann mit 100 g Zucker, dem Apfelwein, dem Zitronen- und Orangensaft sowie einer Prise Zimt in einen Topf geben, aufkochen und weich dünsten. Mit einem Pürierstab das Kompott pürieren.

Die Gelatine gemäß Packungsangabe einweichen. Dann die Milch mit der Sahne, 200 g Zucker und der Vanilleschote in einen Topf geben und aufkochen. Vom Herd nehmen und die ausgedrückte Gelatine einrühren, bis sie sich ganz aufgelöst hat. Etwas abkühlen lassen und das Zwetschgenpüree einrühren. Die Flüssigkeit in Portionsschälchen, Förmchen oder Tassen füllen und im Kühlschrank erstarren lassen. Nach ca. 3 Stunden kann die Creme gestürzt werden. Am besten löst sich die Creme aus der Form, wenn man sie vorher in etwas heißes Wasser stellt.

Die 12 verbliebenen Zwetschgen vor dem Servieren in etwas Wasser oder Apfelwein dünsten und die Creme damit dekorieren.

Angelikas Apfelweinkuchen

... mit Sahneschicht

Zutaten für den Teig:	Zutaten für die Füllung:
250 g Mehl	750 ml Apfelwein
125 g Zucker	150 g Zucker
125 g Butter	2 Päckchen Vanillepuddingpulver
Prise Salz	2 bis 3 Äpfel
1 Päckchen Vanillinzucker	2 Becher Schlagsahne
½ Päckchen Backpulver	1 Päckchen Vanillinzucker
1 Ei	Kakaopulver

Zubereitung:

Puddingpulver mit Zucker und 6 Eßlöffeln Apfelwein anrühren. Restlichen Apfelwein in einem Topf zum Kochen bringen. Nun das angerührte Puddingpulver einrühren, kurz aufkochen und dann erkalten lassen.

Für den Teig die Butter mit dem Zucker, Vanillinzucker, Mehl, Backpulver, Salz und dem Ei in eine Rührschüssel geben. Alles mit dem Knethaken des Handrührgerätes zu einem glatten Teig kneten. Sollte der Teig klebrig sein, dann geben Sie noch etwas Mehl hinzu. Den Teig mit kalten nassen Händen noch einmal durchkneten und zu einer Kugel formen. Teigkugel in Frischhaltefolie gewickelt für eine Stunde in den Kühlschrank legen.

Den Teig anschließend auf den Boden einer Springform (ca. 26 cm Durchmesser) ausrollen. Teig am Rand einige Zentimeter hoch in die Form drücken. Teig mit der Gabel mehrfach einstechen.

Äpfel waschen, schälen und in kleine Stücke schneiden. Apfelstücke auf dem Teigboden verteilen und die erkaltete Puddingmasse darübergeben. Bei 175 bis 200 Grad ca. 40 Minuten lang backen.

Nach dem Erkalten des Kuchens zwei Becher Sahne mit einem Päckchen Vanillinzucker steif schlagen. Den Kuchen damit bestreichen und mit Kakaopulver bestäuben.

Apfelwein-Picknickkuchen

Dieser Kuchen ist ein Muß für jedes Picknick!

ZUTATEN:
150 ml Apfelwein
125 g Butter
125 g Zucker
2 Eier
250 g Mehl
1 Teelöffel Natron
1 Prise geriebene Muskatnuß

ZUBEREITUNG:
Butter und Zucker schaumig schlagen. Die Eier hinzugeben. Die Hälfte des Mehls mit dem Natron und dem Muskat zu der Mischung geben. Den Apfelwein dazugießen und so lange schlagen, bis er durch die Reaktion der Weinsäure mit dem Natron zu schäumen beginnt. Nun das restliche Mehl unterrühren und die Mischung in eine gefettete Springform füllen. Im vorgeheizten Backofen bei 180 Grad 35 bis 40 Minuten backen (Stäbchenprobe).

Apfelweinwaffeln

Die verbreiten einen tollen Duft!

ZUTATEN:

250 g Butter
200 g Zucker
2 Eier
1 Päckchen Vanillinzucker
½ l Apfelwein
500 g Mehl
1 Päckchen Backpulver
Puderzucker zum Bestreuen

ZUBEREITUNG:

Z

Alle Zutaten zu einem Teig rühren. Waffeleisen etwas einfetten und erhitzen. Waffeln portionsweise backen. Puderzucker über die Waffeln streuen. Dazu passen Apfelmus oder heiße Kirschen und Sahne.

Bergsträßer Apfelmuffins

... frisch und saftig!

ZUTATEN:

1 Ei
100 ml Milch
50 ml Öl
180 g Mehl
100 g Zucker
½ Päckchen Backpulver
1 Prise Salz
2 Äpfel
100 ml Apfelwein

ZUBEREITUNG:

Äpfel schälen, halbieren, Kerngehäuse entfernen und in kleine Stücke schneiden.

Ei, Milch, Öl, Mehl, Zucker, Backpulver, Salz und Apfelwein in eine Rührschüssel geben und mit dem elektrischen Rührgerät zu einem geschmeidigen Teig rühren. Zum Schluß die Apfelstückchen unterheben. Teig in ein Muffinblech oder in Muffinförmchen einfüllen und im vorgeheizten Ofen bei 200 Grad ca. 25 Minuten backen

Birnenkuchen mit Marzipan und Apfelweinguß

Eine extravagante Geschmackskombination!

ZUTATEN DEN TEIG:
200 g Weizenmehl
1 Teelöffel Backpulver
75 g Zucker
100 g Butter
1 Päckchen Orange-back
1 Prise Salz

ZUTATEN FÜR DEN BELAG:
200 g Marzipanrohmasse
1 Ei
2 bis 3 reife Birnen (ca. 500 g)
Saft von 1 Zitrone
1 Päckchen heller Tortenguß
¼ l Apfelwein
2 Eßlöffel Zucker

ZUBEREITUNG:
Die Butter mit dem Zucker, dem Orange-back, Mehl, Backpulver, Salz und 4 Eßlöffeln kaltem Wasser in eine Rührschüssel geben. Alles mit dem Knethaken des Handrührgerätes zu einem glatten Teig kneten. Sollte der Teig klebrig sein, dann geben Sie noch etwas Mehl hinzu. Den Teig mit kalten nassen Händen noch einmal durchkneten und zu einer Kugel formen. Teigkugel in Frischhaltefolie gewickelt für eine Stunde in den Kühlschrank legen.

Den Teig anschließend auf den Boden einer Springform (ca. 26 cm Durchmesser) ausrollen. Teig am Rand etwas in die Form drücken und mit der Gabel mehrfach einstechen.

Für den Belag die Marzipanrohmasse in Stückchen schneiden und mit dem Ei mit Hilfe des Handrührgerätes verrühren. Gleichmäßig auf dem Teigboden verteilen.

Birnen waschen, schälen, in dünne Spalten schneiden und mit Zitronensaft beträufeln. Mit den Birnenspalten den Teigboden vom Rand aus kreisförmig dicht auslegen. Den Teigrand nach innen etwas einrollen und leicht festdrücken.

Kuchen im vorgeheizten Ofen (E-Herd 200 Grad, Umluft 170 Grad, Gas Stufe 3) auf der zweiten Schiene von unten ca. 40 Minuten backen. Anschließend auf einem Kuchengitter ca. 15 Minuten abkühlen lassen.

Tortenguß mit dem Zucker und dem Apfelwein anrühren, aufkochen, etwas abkühlen lassen und über den Kuchen gießen.

Windbeutel Apfelsahne oder Apfelweincreme

Leckerer geht's kaum!

ZUTATEN FÜR DEN BRANDTEIG:
¼ l Apfelwein
50 g Butter oder Margarine
1 Prise Salz
150 g Mehl
4 große Eier
1 Teelöffel Backpulver

ZUTATEN FÜR EINE APFELMUS-SAHNE-FÜLLUNG:
½ l Sahne und 2 Päckchen Sahnesteif
5 Eßlöffel Apfelmus
Zimt, Zucker oder Vanillinzucker

ZUTATEN FÜR EINE APFELWEINCREME-FÜLLUNG:
¼ l Apfelwein
4 Eigelb
50 g Zucker
4 Blatt Gelatine
125 ml Sahne
1 Eßlöffel Zitronensaft

ZUBEREITUNG:
Für den Teig Wein, Butter und eine Prise Salz in einen Topf geben. Zum Kochen bringen und das Mehl auf einmal hinzufügen. Den Topf auf der Kochstelle lassen und kräftig umrühren, bis sich die Zutaten zu einem weichen Teigball verbinden. Die Mischung weiterrühren, bis sie fester und trockener wird und sich als Ball vom Topfboden löst. Den Topf nun von der Kochstelle nehmen und ein Ei hineinrühren. Den Brandteig etwas abkühlen lassen. Nach und nach die weiteren Eier einzeln unterrühren. Dabei kräftig rühren, damit der Teig glatt wird. Wenn der Teig abgekühlt ist, kann 1 Teelöffel Backpulver dazugegeben werden. Den Teig 30 Minuten ruhen lassen, dann eigroße Häufchen auf ein mit Backpapier ausgelegtes Backblech geben (gegebenenfalls mit der Spritztüte). Das Blech in den auf 200 Grad vorgeheizten Backofen schieben und 25 Minuten backen. Dabei zwischendurch nicht die Ofentüre öffnen! Die Windbeutel nach dem Backen sofort in der Mitte quer mit der Schere aufschneiden.

Für die Apfelmus-Sahne-Füllung die Sahne steif schlagen und 5 Eßlöffel Apfelmus vorsichtig unterheben. Nach Belieben mit Zucker, Zimt oder Vanillinzucker abschmecken. Die Sahne nun in die untere Windbeutelhälfte geben und die obere Windbeutelhälfte als Deckel oben daraufsetzen.

Für die Apfelweincreme-Füllung die Gelatine in Wasser gemäß Packungsvorschrift einweichen. Schlagen Sie das Eigelb mit dem Apfelwein und Zucker im Wasserbad schaumig. Die ausgedrückte Gelatine hinzugeben und die Masse abkühlen lassen. Nun die geschlagene Sahne unterheben und mit Zitronensaft und eventuell noch etwas Zucker abschmecken. Creme in die Windbeutel füllen.

Apfelgelee

Auch als Geschenk eine schöne Idee

ZUTATEN FÜR 1,4 LITER:

2 kg Äpfel	800 ml Apfelwein
Saft von 1½ Zitronen	500 g Gelierzucker ›3 plus 1‹

ZUBEREITUNG:

Äpfel waschen und gut abtrocknen. Zitronensaft mit dem Apfelwein in einen großen Topf geben. Äpfel mit einer groben Reibe in den Topf reiben (oder in der Küchenmaschine reiben und dann in den Apfelwein geben) und 20 Minuten kochen lassen.

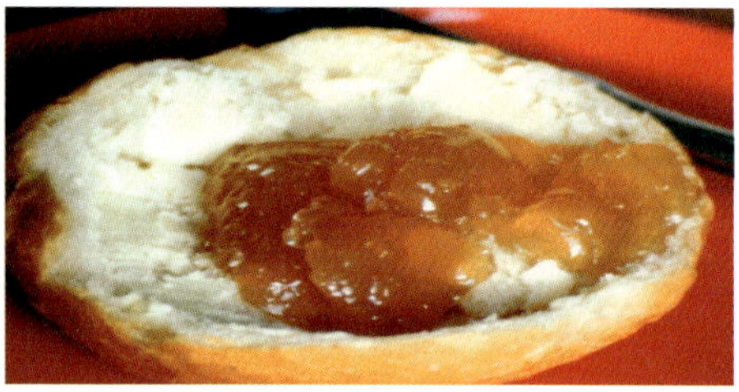

Ein großes Sieb mit einem feuchten Tuch auslegen und auf einen großen Topf stellen. Die Apfelmasse hineingießen. Den Saft ablaufen und abkühlen lassen.

1250 ml Apfelsaft abmessen und mit dem Gelierzucker mischen. In einem Topf unter Rühren zum Kochen bringen. Nach Belieben können Sie auch einen Teil der zurückbehaltenen Apfelstücke hinzugeben. 4 Minuten sprudelnd kochen, dabei rühren. Topf vom Herd nehmen. Heiß ausgespülte Gläser mit dem heißen Apfelgelee füllen und mit einem Schraubdeckel verschließen. Gläser auf den Kopf stellen.

Apfel-Pfefferminz-Konfitüre

Very British? – Naa, ganz hessisch!

ZUTATEN:

200 g frische Pfefferminzblätter	½ Teelöffel Ingwerpulver
¾ l Apfelwein	1 Teelöffel Zitronensäure
750 g Äpfel	500 g Extra-Gelierzucker

ZUBEREITUNG:

Pfefferminzblätter und Apfelwein aufkochen, zugedeckt bei schwacher Hitze ca. 30 Minuten köcheln lassen. Über Nacht ziehen lassen.

Äpfel schälen, entkernen und grob raspeln, zum Pefferminzsud geben. Ingwer und Zitronensäure hinzufügen. Gelierzucker unterrühren. Die Masse zum Kochen bringen und 3 Minuten kochen lassen. In Gläser füllen. Gläser gut verschrauben und auf den Kopf stellen.

Apfelwein-Johannisbeer-Marmelade

Nichts geht über diese hausgemachte Marmelade aufs Frühstücksbrot!

ZUTATEN:

750 g schwarze Johannisbeeren
¼ l Apfelwein
500 g Gelierzucker ›2 plus 1‹
nach Belieben weitere 250 g schwarze Johannisbeeren

ZUBEREITUNG:

Die Johannisbeeren waschen, entstielen und pürieren. Mit Apfelwein und dem Gelierzucker aufkochen und 4 Minuten kochen lassen. Gelegentlich umrühren. Nach Belieben nach 3 Minuten weitere 250 g Beeren hinzugeben.

Die Marmelade in Gläser füllen, gut verschrauben und auf den Kopf stellen.

Eingelegter Kürbis

Süß-sauer

ZUTATEN:

1 kg Kürbisfleisch (vom festen Kürbis)	¼ l Apfelwein
½ l Einmachessig	2 Ingwerscheiben
300 g Zucker	4 Nelken
150 g Honig	2 Zimtstangen

ZUBEREITUNG:

Den Kürbis schälen und das Fleisch in 1 bis 2 cm große Würfel schneiden. Den Einmachessig mit dem Zucker, dem Honig, dem Apfelwein und den Gewürzen aufkochen. Die Kürbiswürfel darin portionsweise kochen, bis sie glasig werden. Das Kürbisfleisch mit einem Sieblöffel abschöpfen und in Einmachgläser füllen. Die Flüssigkeit durch ein Sieb in die Gläser gießen. Der Kürbis muß mit Flüssigkeit bedeckt sein. Die Gläser mit Weckringen verschließen und für einige Minuten auf den Kopf stellen.

Apfelwein-Glühwein

… für die kalten Wintertage

ZUTATEN:

¾ l Apfelwein
2 Zimtstangen
1 Stück frischer Ingwer
4 Gewürznelken
200 ml Apfelsaft
Honig oder brauner Zucker zum Süßen

ZUBEREITUNG:

Apfelsaft in einen Topf geben und mit den Zimtstangen, dem Ingwer und den Gewürznelken 5 Minuten kochen lassen. Anschließend durch ein Sieb gießen.

Apfelwein zum Kochen bringen und zum Apfelsaft geben. Mit Honig oder Zucker nach Belieben süßen.

Bergsträßer Apfelweinbowle

... für die heißen Sommertage

ZUTATEN:

¼ l Weißwein
¼ l Apfelsaft
2 Zimtstangen
5 mittelgroße Äpfel
¾ l Apfelwein
1 Flasche Sekt

ZUBEREITUNG:

Die Äpfel schälen und mit einem Kugelausstecher um das Kerngehäuse herum Apfelkugeln ausstechen. Die Apfelkugeln mit Apfelsaft, Zimtstangen und Wein begießen und mindestens 2 Stunden kalt stellen. Anschließend die Zimtstangen entfernen und die Bowle mit Apfelwein und Sekt auffüllen.

Echt hessische Stöffschebowle

Die darf natürlich nicht fehlen!

ZUTATEN:

3 Bananen
4 Orangen
3 Eßlöffel Zucker
3 Schapsgläschen Calvados
2 l Apfelwein
etwas Zitronensaft
geriebene Zitronenschale

ZUBEREITUNG:

Bananen und Orangen schälen und in kleine Stücke schneiden. Diese in ein Bowlegefäß geben und mit dem Zucker überstreuen. Den Calvados dazuschütten und alles 30 Minuten ziehen lassen. Nun den gekühlten Apfelwein hinzugießen. Mit Zitronensaft und Zitronenschale abschmecken. Statt der Bananen können Sie auch Mangos oder Pfirsiche verwenden.

Heißer Apfelwein mit Rum

... weckt Tote auf!

ZUTATEN:

2 Eßlöffel weiche Butter
1½ Eßlöffel brauner Zucker
4 lange Streifen Orangenschale
8 Gewürznelken
4 Zimtstangen
4 cl brauner Rum
½ l heißer Apfelwein

ZUBEREITUNG:

Die Butter mit dem Zucker vermengen und beiseite stellen. Die Orangenschale mit je einem Viertel der Gewürznelken spicken. In jedes Glas oder jeden Becher 1 Orangenschale, 1 Zimtstange und 1 cl Rum geben. Heißen Apfelwein darübergießen und mit einem Stückchen Butter garnieren.

Kalte Ente

Einfach, aber beliebt, weil mit wenig Alkohol ...

ZUTATEN:

1 l Apfelwein
1 Eßlöffel Zucker
2 bis 3 Scheiben einer Zitrone,
1 Flasche Mineralwasser

ZUBEREITUNG:

Den gekühlten Apfelwein in eine Karaffe gießen. Zucker und Zitronenscheiben (nur ungespritzte Zitonen verwenden) hinzugeben. Etwa 30 Minuten durchziehen lassen. Anschließen gekühltes Mineralwasser hinzugeben. Fertig ist die Ente!

Rotgespritzter

Ein leichter Apfelwein-Cocktail für den Sommer!

ZUTATEN:

0,6 l Johannisbeer- oder Kirschnektar

0,4 l Apfelwein

ZUBEREITUNG:

Gießen Sie den kalten Johannisbeer- oder Kirschnektar mit gut gekühltem Apfelwein auf.

Schlemp mit Apfelwein

Ein Genuß mit Tee!

ZUTATEN:

¼ l Tee
¼ l Apfelwein
2 bis 3 Eßlöffel brauner Zucker
2 Eßlöffel Stärkemehl
150 ml Sahne
1 Eigelb

ZUBEREITUNG:

Den Tee zusammen mit dem Zucker und dem Apfelwein erhitzen. Das Stärkemehl mit etwas Wasser anrühren und unter die heiße Flüssigkeit rühren. Unter Rühren einmal kurz aufkochen lassen. Vom Feuer nehmen und die Sahne hinzufügen. Das verquirlte Eigelb unterrühren. Alles kräftig durchschlagen, in Gläser füllen und heiß servieren.

Sommer-Bowle

Der absolute Renner jeder Gartenparty!

ZUTATEN:

1 kleine reife Netzmelone
(oder ½ Honigmelone)
1 große Mango
3 Kiwis
1 Flasche Weißwein
2 Flaschen Apfelwein
1 Flasche Sekt

ZUBEREITUNG:

2 bis 3 Stunden vor Eintreffen der Gäste das Melonenfleisch in Würfel schneiden. Mango aus der Schale lösen und würfeln. Kiwis schälen und in Würfel schneiden. Die Fruchtstücke in ein Bowlengefäß geben. Mit einer Flasche Weißwein übergießen. Zugedeckt in den Kühlschrank stellen. Erst dann mit Apfelwein und Sekt aufgießen, wenn die Gäste in den Garten kommen.

Sommerlicher Apfelweintrunk

Auch eine Bowle mit wenig Alkohol ...

ZUTATEN FÜR 6 BIS 8 PERSONEN:

200 g Himbeeren
3 Äpfel
2 Flaschen Apfelwein
¾ l Apfelsaft

ZUBEREITUNG:

Himbeeren verlesen. Äpfel waschen und in Spalten schneiden. Gekühlten Apfelwein und kalten Apfelsaft in ein großes Gefäß gießen und umrühren. Früchte auf 6 bis 8 Gläser verteilen und mit dem Apfelwein-Apfelsaft-Gemisch auffüllen.

Weiße Sangria

Auf Mallorca gibt's die nicht!

ZUTATEN:
1 unbehandelte Zitrone
1 unbehandelte Organe
1 l Apfelwein
½ l trockener Weißwein
2 reife Pfirsiche
3 Zweige Pfefferminze
2 Zimtstangen

ZUBEREITUNG:

Zitrone und Orange heiß abspülen. Beide Früchte der Länge nach halbieren und in 0,5 cm dicke Scheiben schneiden. Mit dem gekühlten Wein vermischen.

Pfirsiche mit kochendem Wasser überbrühen, abschrecken und häuten. Das Fruchtfleisch in Spalten schneiden und zum Wein geben, dann Pfefferminze und Zimtstangen hinzugeben und mindestens 2 Stunden durchziehen lassen.

Apfelweintrüffel

Selbstgemachte Pralinen – ein originelles Geschenk!

ZUTATEN:

100 g Butter	0,4 l Apfelwein
100 g Puderzucker	1 Eßlöffel Zitronensaft
200 g weiße Kuvertüre	500 g weiße Kuvertüre

ZUBEREITUNG:
Apfelwein in einen Topf gießen und zum Kochen bringen. Ca. 30 Minuten einkochen lassen, bis nur noch 0,1 l Apfelwein übrig sind.

Butter und Puderzucker mit dem elektrischen Rührgerät schaumig schlagen. 200 g Kuvertüre im Wasserbad schmelzen und abkühlen lassen. Unter ständigem Rühren zu der Butter-Puderzucker-Mischung geben. Apfelwein und Zitronensaft unter Rühren zugießen. Weiterrühren, bis die Masse halb fest, aber noch spritzfähig ist. Die Masse in einen Spritzbeutel füllen und Tupfen auf ein mit Pergamentpapier ausgelegtes Backblech spritzen. Kalt stellen.

Für den Überzug 500 g Kuvertüre im Wasserbad schmelzen lassen. Die Trüffel mit Hilfe einer Pralinengabel (Fleischgabel geht auch) in die Kuvertüre tauchen. Im Kühlschrank fest werden lassen. Die Pralinen im Kühlschrank aufbewahren.

Suppen

Hauptgerichte

Fondues

Desserts

Kuchen und Gebäck

Konfitüren

Getränke

Ein selbstgemachtes Mitbringsel

Herrenspeis und Bauernspeis

Krumme Krapfen, Ollapotrida und Mamonia … Rezepte aus der mittelalterlichen Burgküche

von PETER LUTZ

Köstlich und deftig geht es in diesem Kochbuch zu.
Peter Lutz, Gründer der MITTELALTERLICHEN KÜCHENMEISTEREI auf der Ronneburg, hat hier einen wahren Schatz an Gerichten vergangener Tage zusammengetragen. Alle Rezepte sind einmal für die größeren Mengen der Burgküche angegeben, aber auch zum leckeren Nachkochen in der Familie. Nebenbei erfährt man viel über die damaligen Sitten und Gebräuche rund um die Küche des einfaches Volkes und der ›besseren Gesellschaft‹.

128 Seiten, gebunden, farbige Abbildungen, 18,00 €, ISBN 3-936622-14-0

Aus rhoihessische Dippe un Panne

Das originelle Kochbuch mit Hermann, dem Winzer

von Frankudo

Quer durch Rheinhessen geht diese kulinarische Reise: von Worms in die ehem alige Freie Reichsstadt Oppenheim, über viele Stationen nach Mainz und weiter am Rhein entlang bis Bingen. Südlich geht es über Bad Kreuznach in Richtung Alzey. Überall auf dieser Fahrt wurden typische oder neue Rezepte aus *rhoihessische Dippe un Panne* eingesammelt. In diesem gezeichneten Kochbuch geht es wahrlich originell zu. 22 Orte haben Frankudo äußerst liebevoll bildlich dargestellt und deren Sehenswürdigkeiten aufgeführt. Hermann präsentiert 45 Rezepte, die alle zum Ausprobieren animieren und die mit seinen mundartlichen Kommentaren versehen sind. Viele Tips, natürlich auch zum Wein, runden die Rezepte ab.
Mit Vorwort und Rezept vom Sternekoch JOHANN LAFER.

72 Seiten, geb., farbige Abb., 14,00 €, ISBN 3-936622-06-X

Weitere Bücher und Hörbücher finden Sie in unserem Verlagsprogramm, das wir gerne kostenlos zusenden, oder auf unseren Internetseiten.

vmn
Verlag M. Naumann
Eicher Straße 4 61130 Nidderau
Telefon 06187 22122 Telefax 06187 24902
eMail: info@vmn-naumann.de
Im Internet finden Sie uns unter: http://www.vmn-naumann.de